LA CENSURE

Scène historique

PAR

MÉRY ET BARTHÉLEMY.

Vexat Censura.

JUVÉNAL.

PARIS
CHEZ TOUS LES MARCHANDS DE NOUVEAUTÉS.
1827
Imprimerie de P. Tastu.

LA
CENSURE.

Des mêmes Auteurs :

Sidiennes.
Épître a M. de Villèle.
Les Jésuites.
Les Grecs.
Rome a Paris.
Une Soirée chez M. de Peyronnet.
Le Congrès des Ministres.
La Villéliade.
La Peyronnéïde.
La Corbiéréïde.

IMPRIMERIE DE J. TASTU,
RUE DE VAUGIRARD, N. 36.

LA CENSURE

Scène historique

PAR

MÉRY ET BARTHÉLEMY.

❊

Vexat Censura . . . . . .

JUVÉNAL.

❊

PARIS

CHEZ TOUS LES MARCHANDS DE NOUVEAUTÉS.

✳

1827

AVANT-PROPOS.

※

La liberté de la presse et la gaieté du *Moniteur* datent du 24 juin 1827. Avant cette époque, les journaux n'étaient retenus par aucun frein ; ils annonçaient tantôt que l'abbé Saladin avait empoisonné son curé ; tantôt que Laveyroux, curé de Jumeaux, souffletait ses paroissiennes dans l'église ; tantôt que l'abbé Monchy damnait le Roi et ses sujets. Ces scandales, nous parlons des journaux, devaient être réprimés. Il eût été plus simple peut-être d'établir une bonne censure bien vigilante dans les chaires et les sacristies ; mais on est arrivé au même but par un autre moyen. Il fallait assurer à la robe d'Ignace une entière inviolabilité et dérober à la publicité les peccadilles ou les complots de la Congrégation : la censure a donc été établie. Il est fâcheux que MM. Molitor, Laveyroux, Saladin, Monchy, etc., etc., etc., n'aient pas ajourné leurs fredaines après la session des Chambres ; M. Lourdoueix les aurait couverts de son bouclier ; enfin cet avantage se retrouvera. C'est un grand pas que vient de faire la Congrégation ; car la censure n'a été remise en vigueur qu'à son profit exclusif. Les bons ministres, contre lesquels on a fait depuis six ans vingt mille vers, et trente volumes de prose, étaient blâsés sur l'article ; il leur importait fort peu que la censure existât ou non. Mais les jésuites n'ont pas la même tolérance politique ; ils aiment la vie molle et tranquille ; la publicité les gêne, l'opposition les irrite, les épigrammes troublent leur sommeil. Dormez donc, hommes sacrés, sur l'édredon de vos oratoires ; errez, pendant le solstice, sous les saints ombrages de Conflans, ou dans le parc voluptueux de Mont-Rouge ; Chevet vous destine les prémices de ses fruits, la Bourgogne remplit vos celliers, la manne ne tombe que sur vos domaines. Il est aussi des plaisirs plus doux, amis de la discrétion et de l'ombre; usez-en avec délices : jouissez, goûtez de tout ; c'est pour vous que la France a été faite, exploitez ce royaume impie et si riche, sans crainte et sans remords ; la censure est là, pour vous assurer une terrestre béatitude qu'aucune voix profane ne peut troubler désormais.

LA CENSURE.

SCÈNE HISTORIQUE.

La scène se passe dans le parc de Saint-Cloud, à la lanterne de Diogène, le 24 juin 1827 [1].

CHANT D'INTRODUCTION.

Le jour était venu! Paris doutait encore!
Mais l'*Étoile* du soir, sinistre météore,
Avait jeté la joie au cénacle romain;
Genoude triomphait dans sa gaîté dévote,
Et, confident secret de la secrète note,
    Nous menaçait du lendemain.

Ainsi, quand l'échafaud épouvante la Seine,
Des vieilles Alecto le bataillon obscène
Colporte dans Paris un sanglant bulletin,
Et de leurs rauques voix l'infernale harmonie
D'un chrétien condamné proclame l'agonie
Comme la fête du matin [2].

Ce jour même, à Saint-Cloud, les eaux long-temps captives
Bondissaient sur le marbre en gerbes fugitives ;
Un doux soleil de juin mourait à l'horizon ;
Le parc retentissait des voix des jeunes filles,
Et l'archet, aux sons purs, des gracieux quadrilles
Réglait les pas sur le gazon [3].

Mais tandis que le jour en vains plaisirs s'écoule,
Un groupe au front chagrin s'écarte de la foule ;
Il gravit la colline à pas silencieux :
Là, sur la plaine chauve et d'arbres dépouillée,
S'élève pesamment une tour isolée
    Qui porte un phare dans les cieux.

Ils ont jeté l'obole à la noire sibylle
Qui veille jour et nuit sur l'étroit péristile ;
Sous la porte massive ils passent tour à tour ;
Lourdoueix conduit leurs pas dans l'ombre sépulcrale ;
Ils montent en tournant, et l'échelle spirale
    Les guide au sommet de la tour.

C'est alors que Lourdoueix, Procuste subalterne,
Comme l'oiseau des nuits perché sur la lanterne,
Sent bondir dans son cœur ses entrailles de fer;
Sa voix a dissipé la populaire ivresse,
Et dans le parc muet, le Vidoc de la presse
    Riait comme rit Lucifer.

Tournez autour de lui, radieux satellites,
Pléiade de censeurs, littéraires styllites [4],
Fouquet, Couvret, Rio, Caix, Pain et Duplessis :
Attila de bureaux que la presse redoute,
Votre chef va parler : silence ! qu'on l'écoute !
    Restez debout ; il est assis.

DRAME.

LOURDOUEIX.

Je vous ai tous conduits au bord d'un précipice ;
Mais cette salle haute au conseil est propice ;
Je l'ai choisie exprès. Du haut de ce fanal
Du mont Valérien j'explore le signal ;
C'est là que chaque jour nos bons missionnaires
Sur un ciment romain consolident leurs chaires ;
C'est ce mont jésuitique où trois croix sont debout ;
Voyez comme il s'élève et domine Saint-Cloud !
C'est lui qui doit ce soir, plus prompt qu'une estafette,
Annoncer aux Censeurs leur gloire ou leur défaite.
Sitôt que du château le conseil clandestin
Aura par son arrêt fixé notre destin,
Si de ce tribunal la funeste indulgence
Des journaux factieux confirme la licence,

Ces gigantesques croix tomberont sans retard ;
Une sombre vapeur, en forme de brouillard,
Noircira le sommet de la sainte colline ;
Mais, si du bon côté la balance s'incline,
Si nous avons vaincu, si le conseil des trois
Livre aux doubles ciseaux les journaux aux abois ;
Des télégraphes saints, par De Liége [5] embrasées,
Jailliront à l'instant trois ardentes fusées.
Soyez donc attentifs, c'est l'instant des débats :
Il s'agit pour nous tous d'être, ou de n'être pas.

PAIN.

Hélas ! fasse le Ciel et monsieur de Corbière
Que la censure obtienne une victoire entière !
Car je suis aux abois ; j'ai bien fait pour ma part
De ces drames piteux qu'on siffle au boulevard ;
Mais le Père Ronsin, dont je suis idolâtre,
M'a, pour me convertir, arraché du théâtre ;
Je dois être nommé, par son dévot canal,

Ou limier de police, ou censeur de journal.

CAIX.

Pour moi, mes revenus ne m'enrichissent guères :
Je professe l'histoire aux petits séminaires ;
Je gagne peu : pourtant, dans l'intérêt du Ciel,
Sur ma chaire je ments comme un Père Daniel[6].
J'ai bien tenté d'ouvrir des cours académiques ;
Mais le public a fui mes séances publiques.
Enfin, si la censure est proscrite ce soir,
J'abdique dès demain et reste sans espoir.

RIO.

Caix vous a peint ma vie en racontant la sienne :
Pour Rio la fortune est de l'histoire ancienne ;
Sans fruit depuis dix ans je professe à Paris.

FOUQUET.

Enfin, l'abbé Fayet sous son aile m'a pris ;
Et censeur candidat j'ai quitté tout de suite
Mon brevet d'archiviste et me suis fait jésuite.

LOURDOUEIX.

Messieurs, *de ce bourbier vos pas seront tirés*[1];
D'un frivole public écrivains ignorés,
Effroi de l'imprimeur et fléaux du libraire,
Vous avez tous des droits aux faveurs de Corbière.
Je sais que deux diseurs d'insipides bons mots
L'ont nommé dans leurs vers le Mécène des sots;
Que vous importe à vous? Son regard de justice
Sur vos humbles écrits s'est abaissé propice;
Et vous serez payés par ses soins généreux
Avec l'or qu'il soutire à la ferme des jeux.
Digne emploi de cet or que Chalabre dispense
Au ministre moral qui gouverne la France!
Mais un doute imprévu m'assaillit malgré moi:
Je vous suppose tous au fait de votre emploi;
Je crois pourtant qu'il faut répéter notre rôle;
Je tiens à vous voir tous formés à mon école.
Écoutez...... commençons...... écrivain libéral,

Je vais pour un moment rédiger un journal.

Premier article : « On dit que l'amiral Cochrane
» Poursuit avec ardeur une flotte ottomane;
» Les Grecs tiennent encore; enfin, chacun pressent
» Que l'étendard chrétien abattra le croissant. »

TOUS (*en sextuor.*)

Biffé !

LOURDOUEIX.

C'est bien !.... « Chavez avec son amazone,
» Comme un simple hidalgo se promène à Bayonne. »

TOUS.

Biffé !

LOURDOUEIX.

Bien !.. « Le Dauphin par son grand cœur guidé,
» Au conseil des prisons hier a présidé. »

TOUS.

Biffé !

LOURDOUEIX.

De mieux en mieux!... « Son altesse royale
» Monseigneur d'Orléans, d'une main libérale,
» A donné mille écus aux chrétiens d'Orient,
» Par les mains de Choiseul et de Châteaubriand. »

TOUS.

Biffé!

LOURDOUEIX.

« Deux malheureux, assis sur la sellette,
» Dénonçaient au jury Chalabre et la Roulette. »

TOUS.

Biffé!

LOURDOUEIX.

« L'inquisiteur, dans un auto-da-fé,
» A brûlé deux négros à Séville. »

TOUS.

Biffé!

LOURDOUEIX.

Bon! « L'abbé Saladin, en disant son office[8];
» A mêlé l'arsenic au vin du sacrifice. »

TOUS.

Biffé!

LOURDOUEIX.

Bien! « Molitor, aumônier apostat[9],
» Du crime de Tarquin a souillé son rabat. »

TOUS.

Biffé!

LOURDOUEIX.

Bien! « Un Français nous écrit de Lausanne
» Que le curé Maingrat s'y promène en soutane[10]. »

TOUS.

Biffé!

LOURDOUEIX.

« L'abbé Madine a dit.... [11] »

TOUS.

Biffé!

LOURDOUEIX.

C'est bien!

« Le martyr Lovembruck, prédicateur chrétien
» Enrichi des deniers que Mont-Rouge mendie,
» Faisait valoir des fonds conquis en Normandie;
» Hier des créanciers qu'il n'a pu convertir,
» A Versailles ont reçu le bilan du martyr. »

(*Hésitation générale.*)

COUVRET.

L'article est innocent, et sous quelque prétexte,
On pourrait le laisser glisser en petit-texte.

LOURDOUEIX.

L'article est innocent! C'est Couvret qui le dit!
Voulez-vous à Mont-Rouge enlever tout crédit,
Et que les abonnés d'une feuille maudite,
D'un jésuite banquier apprennent la faillite?

COUVRET.

Biffé !

TOUS.

Biffé !

LOURDOUEIX.

Biffé !... Je poursuis mon journal :
« Le curé de Bensfeld au sacré tribunal [13],
» Par de secrets moyens catéchisait des filles;
» Les pères s'en sont plaint.... »

TOUS.

Ce sont des peccadilles ;
Biffé !

LOURDOUEIX.

« L'abbé Monchy, dans un fougueux sermon [14],
» A voué le Royaume et la Charte au démon. »

TOUS.

Biffé !

LOURDOUEIX.

« Certain curé, dont l'audace épouvante,
» A fusillé, chez lui, l'ami de sa servante [15]. »

TOUS.

Biffé !

LOURDOUEIX.

« Sur le parvis du temple Saint-Martin [16],
» Assisté de sa fille, un pieux sacristain
» A battu vertement une dame en prière,
» Qu'à dix heures du soir confessait le vicaire. »

TOUS.

Biffé !

LOURDOUEIX.

Bien ! « Laveyroux, le curé de Jumeaux [17],
» Bénit ses pénitens par des soufflets jumeaux. »

TOUS.

Biffé !

LOURDOUEIX.

« Les deux auteurs de la Villéliade.... »

TOUS (*se levant*).

Biffé !

LOURDOUEIX.

Vous êtes tous dignes de votre grade ;
Il suffit. L'encre rouge, à ce que je prévois,
Laissera chaque nuit sa teinte sur vos doigts.
Votre instinct vous conduit bien mieux que votre tête.
Vous êtes nés censeurs comme l'on naît poëte !
Pourtant s'il vous fallait dire par quels motifs
Vous portez si souvent des arrêts trop actifs,
A l'écrivain biffé, ravi de vous confondre,
Voyons, Messieurs, voyons que pourriez-vous répondre ?

COUVRET (*d'un ton de dignité*).

Des journaux de Baal vertueux assassins,
Nous ne rendons qu'à Dieu compte de nos desseins ;
Vers notre tribunal quand un auteur s'avance,

On le condamne à mort, sans ouïr sa défense;
Bâtonner sans appel, voilà notre devoir:
La raison des censeurs est de n'en point avoir.

LOURDOUEIX.

Admirable !... grand Dieu, qui veillez sur ces rives,
Faites que tant de mains ne restent pas oisives !..

Ainsi parlait Lourdoueix, quand le choc du marteau
Ebranla par six fois l'horloge du château;
Sur la colline sainte en même temps éclate
Une triple fusée, au bouquet écarlate;
« Victoire, compagnons ! voyez ces feux amis !
» Ils pétillent dans l'air ! c'est le signal promis ;
» Nous voilà dictateurs de la littérature ;
» Embrassons-nous, Messieurs, nous avons la Censure;
» A dater de ce soir, nous régnons, et demain
» Le sceptre des journaux tombe dans notre main.
» Maintenant, écoutez mes dernières paroles :

» Apprenez le secret et l'esprit de vos rôles;
» Il faut, parfois, aux yeux d'un public hébété
» Donner à l'esclavage un air de liberté,
» Souffrir des libéraux une attaque légère,
» Et laisser au besoin draper le ministère.
» Mais voici du conseil l'immuable statut,
» De la nouvelle loi voici l'unique but :
» Ne permettez jamais qu'un article profane,
» Incrimine en public le froc ou la soutane,
» Et révèle au lecteur justement indigné,
» Le délit d'un jésuite au greffe consigné;
» Dérobez aux regards sous un voile pudique,
» Des faiblesses des saints le récit véridique;
» Veillez soigneusement à l'honneur des Maingrat.
» Le camp ultramontain ne sera pas ingrat;
» Par votre zèle ardent, par votre obéissance,
» Ménagez-vous des droits à sa reconnaissance :
» Mont-Rouge servira ceux qui l'auront servi.

» Si le nom de censeur vous est jamais ravi,
» Si jamais dans vos mains, mais je n'ose le croire,
» La Chambre anéantit un pouvoir transitoire ;
» Croyez, qu'au même instant vos généreux patrons,
» Sauront récompenser ces injustes affronts ;
» Des faveurs de l'État comme ils sont les arbitres,
» Ils vous prodigueront des emplois et des titres,
» Et dignes possesseurs d'un prix qui vous est dû,
» Vous direz : *Fors l'honneur, nous n'avons rien perdu.* »

NOTES.

NOTES.

¹ Sur la colline qui domine Saint-Cloud, s'élève une tour, bâtie sur le modèle de la lanterne de Diogène à Athènes; du sommet de cette tour on jouit d'un coup-d'œil magnifique; la porte en est gardée par une femme noire et ridée; lorsqu'elle se tient immobile sur le seuil, on la prendrait pour une momie sculptée sur la porte d'un monument égyptien. Elle perçoit deux sous par personne.

² Comme la fête du matin.

Dans la province, pays peu civilisé, les exécutions à mort se font sans avis préalable au public; mais à Paris, où la police est toute paternelle, il est permis, dans ces cas terribles, à de vieilles femmes de parcourir les rues, en annonçant au peuple que la Grève attend une victime; ici l'échafaud ne doit jamais passer inaperçu.

³ Réglait les pas sur le gazon.

L'ordonnance de censure a été signée le 24 juin. Il y avait

bal dans le parc de Saint-Cloud ; cette fête avait été annoncée la veille dans quelques journaux : on avertissait qu'on ne pouvait entrer dans le parc en uniforme ou en éperons. La journée était superbe ; une foule immense remplissait le bois et couvrait les pelouses ; tout était en mouvement, les eaux, les orchestres, les jeux de bague, les tirs, les carrousels ; et le bon peuple dansait sous les yeux même des ministres qui rédigeaient le programme des funérailles de la presse.

[4] . . . . . Littéraires styllites.

Le surnom de *Styllite* fut donné à saint Siméon qui passa trente ans sur une colonne, d'après la Légende.

[5] . . . Par De Liége embrasées.

M. De Liége est secrétaire du conseil de censure.

[6] . . . . Je ments comme un père Daniel.

Le père Daniel de la compagnie de Jésus a fait douze volumes de contes à dormir debout, qu'il a intitulés gravement *Histoire de France depuis la fondation de la monarchie jusqu'à nos jours*. C'est la seule histoire de France en usage dans les petits séminaires ; on en lit ordinairement trois chapitres au réfectoire, pendant les repas. Le père Daniel est regardé par les jeunes abbés rhétoriciens, comme le Tacite des jésuites à cause de son éloquente concision ; il a écrit vingt pages pour prouver que la Sainte-Ampoule était un fait historique et un article de foi.

[7] De ce bourbier vos pas seront tirés.

Voyez Voltaire dans le *Pauvre Diable*.

[8] L'abbé Saladin en disant son office.

L'abbé Saladin, desservant à Pierre-Late, a été renvoyé devant les assises du département de la Drôme, comme prévenu d'avoir empoisonné son curé avec du vert-de-gris infusé dans une burette.

(Voir le *Courrier Français*, du 24 mai 1827.)

[9] Molitor, aumônier apostat.

Un prêtre nommé Nicolas-Joseph Molitor va comparaître devant les assises de Seine-et-Oise, sous la triple accusation de vol, de faux et d'attentat à la pudeur avec violence.

(*Courrier des Tribunaux*, du 1er juin 1827.)

[10] . . . Un Français nous écrit de Lausanne,
Que le curé Maingrat s'y promène en soutane.

Il est inutile de rapporter ici un crime qui fait époque dans les fastes des tribunaux; ce prêtre antropophage jouit d'une horrible célébrité à côté des Papavoine et des Ligier. Tranquille aujourd'hui au-delà de la frontière, il nargue la justice de son pays.

11 L'abbé Madine a dit.

Le père Madine, en prêchant à Vienne, a prétendu que les savans et les naturalistes étaient des diables.

(*Courrier Français, du* 15 *juin.*)

12 Le martyr Lovembruck.

M. l'abbé Lovembruck, dont le nom se rattache à la fameuse mission de Rouen où il fut martyrisé, d'après l'*Étoile*, a fait faillite à Versailles. Ses créanciers l'ayant fait citer devant le tribunal de cette ville, et M. l'avocat du Roi ayant fait observer que le caractère sacré du failli ne lui permettait pas de comparaître à l'audience, M. l'avocat Marie demanda si son caractère l'empêchait aussi de payer ses dettes.

(*Courrier des Tribunaux, du* 31 *avril* 1827.)

13 Le curé de Bensfeld.

Les détails de l'affaire du curé de Bensfeld sont si dégoûtans, que nous n'osons les rapporter ici. Ce curé a été arrêté le 17 juin dernier, et conduit à Schelestadt.

(*Courrier du Bas-Rhin,* 19 *juin* 1827.)

¹⁴ L'abbé Monchy.

Cet abbé Monchy, prêchant à Mantes, fit publiquement sa profession de foi politique ; il prétendit que tant que la Charte subsisterait, il n'y aurait point de salut pour la France ; c'était là sans doute un péché véniel : aussi n'a-t-il été jugé qu'en police correctionnelle.

¹⁵ Certain curé.

Le curé de V....., département de la Moselle, dans un accès de jalousie, déchargea un coup de fusil à un jeune paysan qui faisait la cour à sa servante ; le lendemain après avoir bu du vin en quantité, il fit l'aveu de son crime ; les gendarmes n'osèrent d'abord l'arrêter de crainte de se compromettre ; enfin ils s'enhardirent, et le coupable fut conduit à Metz, puis à Sarreguemines, chef-lieu de l'arrondissement.

(Voir *le Courrier Français*, du 18 juin 1827.)

¹⁶ Sur le parvis du temple Saint-Martin.

Le 16 mai dernier, M. Sarrasin, bedeau à Saint-Martin (Marseille), assisté de sa fille, a battu la demoiselle Ailhaud, parce qu'elle restait jusqu'à dix heures du soir, dans l'église, pour se confesser.

(V. *la Gazette des Tribunaux*, du 21 juin 1827.)

17 . . . Laveyroux, le curé de Jumeaux.

Le curé de Jumeaux, M. Louis Laveyroux, a comparu le 30 mai, devant le Tribunal correctionnel de la ville d'Issoire (Puy-de-Dôme); il était accusé d'avoir donné, dans l'église, deux soufflets à Anne Mathieu, femme de Claude Gallot, marinier à Jumeaux, le 25 mars dernier.

(*Gazette des Tribunaux*, du 13 juin 1827.)

Il nous aurait été facile de prolonger cette énumération, car ces derniers mois ont été très-féconds en peccadilles jésuitiques. Nous croyons avoir mis le doigt dans la plaie; la censure, nous le répétons, n'a été rétablie qu'au profit des jésuites; on a voulu couvrir leurs écarts d'un voile épais, et cette mince liberté que le *Moniteur* accorde à la presse périodique, ne s'exercera qu'aux dépens des ministres, lesquels n'ont plus rien à perdre ni à gagner. Aussi nous ne serons pas étonnés de voir pendant quelque temps encore quelques articles d'opposition mitigée sur les actes ministériels, mais le mot *jésuite* doit être exclu pour jamais du vocabulaire des journalistes. On appelle cela en style de l'*Étoile* servir les intérêts de la Religion, comme si la Religion, cette fille céleste, pouvait recevoir quelque atteinte des crimes des Saladin et des Molitor!

P. S. *Nous apprenons à l'instant que MM. Rio et Caix ont donné leur démission. Si cette nouvelle nous fût parvenue plus tôt, ces Messieurs n'auraient pas figuré dans cet ouvrage.*

※

La cinquième édition de l'*Épître à M. le comte de Villèle*, par M. Méry, était épuisée depuis plus d'un an. L'auteur, pour répondre aux demandes obligeantes qui lui sont journellement adressées par quelques libraires de la capitale, va publier la sixième édition de cette Épître avec quelques additions que la circonstance rendait nécessaires.

La sixième édition de l'*Épître à M. de Villèle*, par M. Méry, paraîtra sous peu de jours à la librairie Universelle, rue Vivienne, n°. 2 *bis*.

www.ingramcontent.com/pod-product-compliance
Lightning Source LLC
Chambersburg PA
CBHW060717050426
42451CB00010B/1493